Wuff!

Ein hundsverrücktes Handbuch

Fenella Smith
und
The Brothers McLeod

Aus dem Englischen
von Kirsten Riesselmann

Insel Verlag

Die Originalausgabe erschien 2014 unter dem Titel
Breeds. A Canine Compendium bei Square Peg, an
imprint of Random House UK.

Erste Auflage 2015

Druck: Pustet, Regensburg
Printed in Germany
ISBN 978-3-458-17616-9

Für Mama + Papa McLeod

Vorwort

Bei uns zu Hause – Greg und Myles McLeod sind meine Brüder – hatten wir eine ganze Reihe tierischer Mitbewohner: zwei Meerschweinchen, ein Kaninchen, zwei Hühner, um die fünfzehn Stabheuschrecken, drei Goldfische, einen ganzen Schwarm tropischer Fische, vier katzen und drei Hunde. Das zeugt sicherlich von der Tierliebe unserer Mutter, und wenn man bedenkt, dass unser Vater gegen fast alle Tiere allergisch ist – auch von seiner Liebe zu ihr.

Unseren ersten Hund bekamen wir 1985, da war ich erst zehn. Es war ein West Highland White Terrier namens Suzie. Unsere katze war nicht gerade begeistert von diesem Familienzuwachs. Ich anfangs auch nicht. Ich kann mich erinnern, dass ich ziemlich erstaunt war, als ich Suzie zum ersten Mal sah. Ich wollte unbedingt einen Hund und hatte ziemlich konkrete Vorstellungen davon, wie Hunde auszusehen hatten. Hunde waren groß und goldgelb (im Grunde waren sie alle Golden Retriever), oder sie waren wahnsinnige Kläffer in Form einer Blutwurst (wie ›Zonty‹, der Dackel unserer Tante Pam). Sie waren jedenfalls nicht klein, weiß und niedlich. Trotz dieser ersten Enttäuschung ist mir Suzie schließlich sehr ans Herz gewachsen. Sie war ein wunderbarer Hund – aufgeweckt, voller Energie und wirklich liebevoll. Und nach ihr gesellten sich noch ein Cairn, ein Border Terrier, ein Border Collie und ein Schwarzer Labrador zu unserer Familie.

Unsere Eltern haben uns immer ermutigt, uns selbst treu zu bleiben. Ihnen haben wir zu verdanken, dass wir ganz unterschiedliche Fähigkeiten und eine je ganz eigene Sicht auf die Welt entwickelt haben und doch immer die besten Freunde geblieben sind. Beim gemeinsamen Schreiben an diesem Buch habe ich viel von meinen Brüdern gelernt (Myles ist sehr klug und hat mir alles über die Plastizität der DNA von Hunden beigebracht) und viel gelacht (Greg hat eine herrlich durchgeknallte Sicht der Dinge, wie seine großartigen Zeichnungen beweisen). Dieses Buch zu schreiben war uns ein Vergnügen – ich hoffe, Sie haben denselben Spaß beim Lesen! Es versammelt Interessantes und Nützliches, garniert mit ein bisschen Albernheit. Es ist also genau wie unsere Familie.

~Fenella Smith

Natürlich weiß ich jetzt, dass Hunde in allerlei Formen und Größen daherkommen. Dank der Plastizität ihres Erbguts können diese domestizierten Wölfe so winzig wie ein Chihuahua oder so groß wie eine Deutsche Dogge sein. Stellen Sie sich nur vor, uns Menschen gäbe es in so unterschiedlichen Varianten von Größe, Farbe, Form und Energielevel!

Wenn man es genau nimmt, muss man der Gattung Canis *lupus familiaris* angehören, um ein Hund zu sein. In diesem Buch finden sich allerdings auch einige Wildhunde anderer Gattungen, zum Beispiel Füchse und Schakale (Cousins der Hunde, wenn man so will!), und sogar ausgestorbene Verwandte – einfach, weil wir die auch ziemlich spannend fanden.

Fenella und mir hat es viel Spaß gemacht, die Texte zu schreiben, und es war eine große Freude zu sehen, was sich unser älterer Bruder Greg für die Illustrationen hat einfallen lassen. Dieses Buch feiert den Hund in all seinen Erscheinungen! Wir hoffen, dass Sie hier ein paar der vierbeinigen Persönlichkeiten aus Ihrem eigenen Leben wiedererkennen und darüber hinaus neue, exotische Freundschaften schließen.

~ Myles McLeod

Affenpinscher

Schnurrbärtiges Teufelchen. Einer jener entzückenden kleinen Hunde, die sich für größer halten, als sie sind. Steigen Sie mit ihm nur in den Ring, wenn Sie hart im Nehmen sind!

Afghanischer Windhund

Hochgewachsener, vornehmer Hund mit Manieren und ausgesprochen gutem Sehvermögen. Neigt zu leichter Blasiertheit. Pflege: regelmäßiges Waschen und Legen.

Afrikanischer Wildhund (Wildhund)

Durchgeknallter als ein Silvesterböller. Und echt wild. Konkret: Würde Sie wahrscheinlich tatsächlich fressen. Inzwischen leider vom Aussterben bedroht.

Airedale Terrier

Bekannt als ›König der Terrier‹. Intelligent, liebt die Jagd. Zeichnet sich aus durch seine überlange, plattgedrückte Schnauze und die majestätische Körperhaltung. Hat die Ausstrahlung eines durch nichts aus der Ruhe zu bringenden Teddybären.

Akita

Treuer, verspielter Hund mit den weichsten Ohren der Welt. Früher, als viele Eltern in Japan noch auf Reisfeldern arbeiteten, häufig als Babysitter im Einsatz. Kurz: ein knuddeliger Ninja.

Alaskan klee kai

Sieht aus wie ein beim Waschen eingelaufener Husky. Um nicht das Kleine-Hunde-Syndrom zu entwickeln, sollte dieser kluge, aufgeweckte Hund sorgfältig abgerichtet werden. Aber erwarten Sie nicht, dass er einen Schlitten zieht: viel zu hübsch dafür.

Alaskan Malamute

Der größte aller Schlittenhunde. Stammt vom Polarwolf ab. Der James Bond der Hundewelt: Zieht einen schwer beladenen Schlitten noch durch den unwirtlichsten Winter. Gräbt sich auf der Suche nach dem hohen Norden seinen Weg notfalls unter jedem Zaun hindurch.

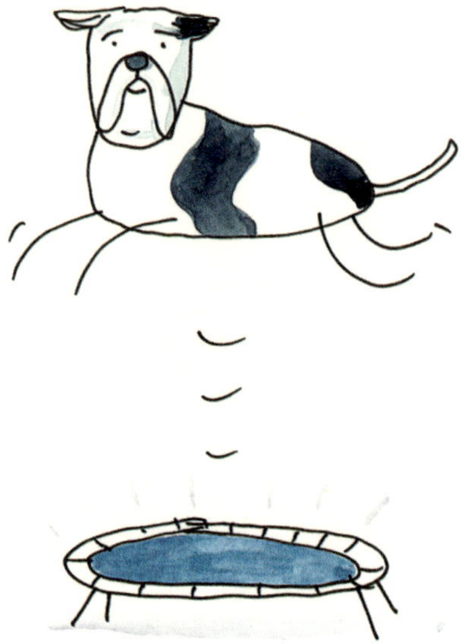

American Bulldog

Was für ein Hund! Springt über zwei Meter hoch, ist sehr gefühlsstark und geht eine überaus feste Bindung zu seinem Herrchen ein. Kann sich Fremden gegenüber reserviert geben, ist deswegen auch ein ausgezeichneter Arbeits- und Wachhund. Kann außerdem die amerikanische Nationalhymne pfeifen. Und zwar mit Inbrunst.

American Eskimo Dog

Hat einen wirklich dämlichen Namen, ist schließlich weder Amerikaner noch Eskimo, sondern stammt aus Nordeuropa. Reinweiß und sehr klug, neigt aber dazu, Fremde anzubellen. Erhältlich in den für Handtasche und Schoß kompatiblen Größen Toy und Mini.

Anatolischer Hirtenhund

Stammt aus der Türkei und ist bemerkenswerterweise in der Lage, ohne menschliche Führung Schafherden zu bewachen und in Bewegung zu setzen. Lässt sich für Krippenspiele buchen.

Australian Cattle Dog

Auch als ›Australischer Treibhund‹ bekannt. Macht viehischen Nachzüglern Beine, indem er in Fersen und Hinterläufe zwickt. Man sagt ihm nach, auch bei trödelnden Menschen schnell mal zuzuzwicken. Braucht Action, aber ein Geschicklichkeitsparcours rund um Haus und Garten sollte genügen.

Australian Shepherd

Fröhlich und lebendig. Es gilt ihn mit einem nicht zu knappen täglichen Workout bei Laune zu halten. Sein Name stiftet häufig Verwirrung, kennt man ihn doch auch als Bobtail, Pastor Dog oder Spanish Shepherd. Eigentlich ist dieser Aussie übrigens US-Amerikaner. Das verstehe, wer will!

Barsoi

Herrlich hochgewachsener, flinker russischer Wolfsjäger. Wurde früher in Rudeln von über hundert Tieren bei Jagden eingesetzt. Liegt heutzutage lieber entspannt neben dem kamin und schmökert in seinem Tolstoi.

Basset

Scheinbar ein Trauerkloß, in Wirklichkeit aber neugierig und extrovertiert. Neigt dazu, widerspenstig und herrisch zu sein. Macht beim Rennen nicht die allerbeste Figur und wird im Hundesportverein immer als Letzter in die Mannschaft gewählt. Oooch!

Beagle

Eine Frohnatur. Kann rennen, rennen und rennen – was ihm, ehrlich gesagt, auch nicht schadet, setzt er bei mangelndem Training doch schnell Pfunde an. Und dann hat man ihm vor ein paar Jahren auch noch die Treibjagd verboten!

Bearded Collie

Obwohl Bartträger, ist er weder Nerd noch Hipster, sondern als Mitbewohner eher ein Hippie: haarig, quirlig, kontaktfreudig und anhänglich.

Beauceron

Äußerst robust und athletisch. Kann wegen seines wasserabweisenden Unterfells auch draußen schlafen. Ausgezeichneter Hütehund, der in seinem Heimatland Frankreich zur Abwehr von Wölfen eingesetzt wurde. Hat doppelte Afterkrallen – vielleicht als Waffe gegen die Wölfe? Wer weiß!

Bedlington Terrier

Anmutig, knuffig und ein Verwandlungskünstler! Warum das? Weil er mit seinem weißen, wolligen Fell wie der typische Wolf im Schafspelz daherkommt. Von seinem Temperament her wohlgemerkt eher ein Maultier denn ein Lämmchen.

Belgischer Malinois

Spitzenkraft der Hundewelt. Überaus aktiv und intelligent. Meistert die Ausbildung zum Polizei- und Militärhund auf der Überholspur. Hält sich gern nah bei seinem Herrchen, wird Sie aber sofort verpetzen, sollten Sie Böses im Schilde führen.

Berner Sennenhund

Ist sich seiner gewaltigen Größe absolut nicht bewusst. Scheint nie aus dem Welpenstadium hinauszuwachsen – was allerdings nur Tarnung ist, denn eigentlich sind alle Berner Sennenhunde Superhelden und gehören einer geheimen Schweizer Bergrettungsorganisation an.

Bernhardiner

Sanfter Riese, der sich im Lauf der Geschichte hochalpiner Rettungsaktionen einen Namen gemacht hat. Die Fässchen sind zwar eher ein Mythos – aber würden Sie zu einem Schlückchen Weinbrand nein sagen, wenn Sie auf einem Felsvorsprung festhingen?

Bichon Frisé

Nicht gerade der Hellste. Macht aber mit seinem Aussehen alles wieder wett. Der puffige Fellknäuel-Effekt erfordert allerdings eine Menge Aufwand: Damit die krausen, hypoallergenen Haare schön abstehen, müssen sie toupiert werden (und benötigen – pssst, nicht verraten! – vielleicht sogar etwas Haarspray).

Black Mouth Cur

Aus den USA, sehr treu und ziemlich vielseitig. Ausgeprägter Jagdtrieb: Hat Spaß daran, stundenlang einen Baum anzuglotzen, um ein einziges Eichhörnchen darin niederzustarren. Disneys ›Freund Jello‹ war übrigens ein Black Mouth Cur – das nur am Rande, als unnützes Wissen des Tages.

Bluthund

Sie kennen ihn sicher: der mit den Hängebacken Folgt unnachgiebig wie ein Detektiv der Spur von Rehen und Wildschweinen. Früher auch zum Aufspüren von Menschen zum Einsatz gekommen – vielleicht zählt man ihn deswegen zu den (Angst-) Schweißhunden?

Bobtail

Eine klasse für sich. Lebhaft und fidel. Liebt Gesellschaft und klebt einem den ganzen Tag an den Fersen. Wer sich für ihn als Gefährten entscheidet, kauft am besten gleich eine Bürste mit. Die werden Sie brauchen.

Bordeauxdogge

Hat den größten aller Hundeschädel, über dem die Haut in losen Falten hängt. Was sie liebenswert verwirrt aussehen lässt.

Border Collie

Der klügste Hund überhaupt. Hat sein Gehirn, wie man sagt, im Schwanz sitzen, weswegen dieser immer so lang herunterhängt. Sehr nervös, neigt zu Zwangsneurosen. Großartiger Schülerlotse.

Border Terrier

Kleiner Kerl mit langen, kräftigen, ruhelosen Beinen. Erinnert Sie ohne Zögern daran, dass es Zeit zum Gassigehen ist. Nur an sehr heißen Tagen auch mal mit einem Sonnenbad auf dem Rücken zufrieden. Kläfft und bellt wenig, schnauft und jault dafür viel. Gewinnt jeden Erdmännchen-Ähnlichkeitswettbewerb.

Boston Terrier

Kompakt und lebhaft. Neigt mit seiner kurzen Schnauze zum Schnarchen und kann sogar rückwärts niesen (toller Party-Trick!). Hat unverhältnismäßig große Ohren. Seien Sie gewarnt: Er kriegt mit, wenn Sie über ihn reden, selbst wenn Sie flüstern.

Bouvier des Flandres

Luxusname, Luxushund: Großformatiger, gutmütiger Bauernhof- oder Stadthund aus Belgien, den man in unterschiedlichen Schattierungen bekommt. Wer unbedingt wissen möchte, wo unter dem ganzen Fell der Kopf ist, muss nach der rosa Zunge Ausschau halten.

Boxer

Aufgekratzter, etwas tapsiger Clown. Wirkt mit seinem quadratischen Körper und seinem wehrhaft vorgereckten Unterkiefer angriffslustig. Spielt aber lieber mit Kindern, als in den Ring zu steigen.

Brauner Labrador

Steht im Ruf, etwas dicker und auch etwas dümmer zu sein als sein schwarzes Gegenstück. Tut aber eigentlich nur so, um den ganzen Tag mit dem Hintern am Ofen herumliegen zu dürfen. Eignet sich ausgesprochen gut als Fußbänkchen und zum Putzen von Küchenböden. Leckt auch mit Hingabe Teller sauber.

Briard

Überaus klug und sehr liebevoll. Stammt aus der Region Brie in Frankreich, wie der Käse. Hat im Ersten Weltkrieg den Soldaten an der Front Nachschub gebracht (wahrscheinlich Käse). Wie er das bewerkstelligt hat, ist ein Rätsel, schließlich kann er bei den vielen Haaren über den Augen gar nicht sehen, wo er hinläuft.

Brüsseler Griffon

Wer einen piekfeinen Auftritt hinlegen möchte, braucht genau ihn. Früher von belgischen Kutschern zur Ungezieferbekämpfung in Ställen gehalten. Nicht wahnsinnig schön, wenn man mal ehrlich ist. Hat ein etwas zerquetschtes Gesicht und einen eindrucksvollen Überbiss, ist aber außerordentlich anhänglich und treu.

Bullterrier

Sieht mit seiner lässigen Augenklappe im ansonsten weißen Fell aus wie der verwegenste Pirat der Hundewelt. Ist aber eigentlich ein lebenslustiger, gutmütiger Geselle. Wird nicht gern allein gelassen – aber wer wird das schon?

Cairn Terrier

Niedlich und lebhaft, erhältlich in Rot und Braun. Kann hin und wieder etwas begriffsstutzig und desorientiert daherkommen. Achtung: Den roten verwechselt man leicht mit einem Staubwedel!

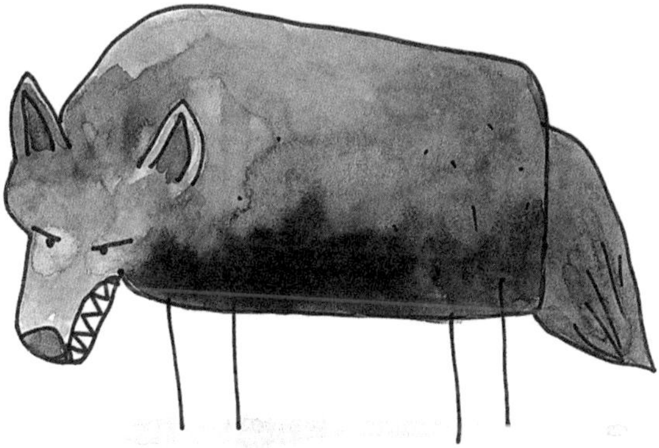

Canis dirus (Wildhund)

Die schlechte Nachricht: der wuchtigste Hund aller Zeiten, bis zu anderthalb Meter Körperlänge, mit mächtigen Reißzähnen und einem kleinen Gehirn. Die gute Nachricht: vor zehntausend Jahren ausgestorben. Puh!

Catahoula Leopard Dog

Ist, wie es heißt, im sechzehnten Jahrhundert aus einer Kreuzung zwischen europäischen und Hunden der amerikanischen Ureinwohner hervorgegangen. Als buntscheckiger Mischling hieß er zunächst schlicht Catahoula Cur, aber mit der Ernennung zum Staatshund von Louisiana hat der Gouverneur ihn zum Leoparden befördert.

Çatal Burun

Gewinnt mit seiner auffällig gespaltenen Nase – der Name bedeutet wortwörtlich ›Gabelnase‹ – eher keine Schönheitskonkurrenz. Aber gerade weil dieser türkische Vorstehhund nicht der Hübscheste ist, braucht er viel Liebe. Genau wie Quasimodo.

Cavalier King Charles Spaniel

Sehr hübscher Spaniel, der sich gerne in der Aufmerksamkeit von Zweibeinern sonnt. Hat nicht das kleinste bisschen Angriffslust im Leib, ist aber als Ritter, der er ja ist, durchaus geschickt mit dem Schwert.

Chesapeake Bay Retriever

Liebt das Wasser. Stammt von Hunden ab, die mit einem englischen Segler vor der Küste von Maryland Schiffbruch erlitten und überlebten. Sie wollen ein träges Schoßhündchen? Dann suchen Sie sich was anderes aus als einen ›Chessie‹.

Chihuahua

Klitzekleiner, süßer Zwerg mit mexikanischen Wurzeln und einer ziemlich bemerkenswerten, jahrtausendealten Geschichte. Besonders beliebt bei einer bestimmten Sorte von Party-Girls. Hat so seine Launen: wird oft dabei beobachtet, wie er in einer Designerhandtasche Tobsuchtsanfälle bekommt.

Chinesischer Schopfhund

Manche Hunde verfügen über ein selektives Hör-, dieser hier dagegen über nur selektives Haarvermögen. Außer am Kopf, am Schwanz und an den Pfoten nämlich völlig nackt. Trägt im Winter gern Barbourjacken.

Chow Chow

Hat der Legende nach eine bläuliche Zunge, weil er im Anfang aller Zeiten ein Stück des Himmels aufgeleckt hat. Eine alte Rasse, so viel ist sicher. Früher wurde dieser Chinese als Delikatesse verspeist. Bitte nicht mit Chop Suey verwechseln!

Cockapoo

Entzückende Mischung aus Cocker Spaniel und Pudel. Knuddlige Kreuzung, die es in den USA seit den 1950er Jahren gibt. Kommt in den unterschiedlichsten Größen und Farben daher. Weckt Sie frühmorgens mit einem gellenden »Cockaripoo!«.

Cocker Spaniel

Der Beliebteste unter den Spaniels. Fröhlich und lebhaft. Hat seinen Namen von seiner ursprünglichen Aufgabe: Waldschnepfen, ›woodcocks‹, aufstöbern und apportieren. Apportiert heutzutage wahrscheinlich eher Ihre Hausschuhe.

Corso-Hund

Ein robuster Bursche, der von römischen Kriegshunden abstammt. Ein echter Soldat also. Das Einzige, was er gar nicht mag, ist alleine sein. Winsel! Bevorzugtes Karnevalskostüm: Gladiator.

Coton de Tuléar

Gestatten: Der Königliche Hund von Madagaskar. Hört, hört. Sieht aber im Grunde aus wie eine Explosion in einer Baumwollfabrik.

Dackel

Länglich, liebevoll, vorwitzig. Verbringt als latenter Neurotiker einen Großteil des Tages damit, sich Sorgen zu machen. Sehr gut als Zugluftstopper verwendbar.

Dalmatiner

Der berühmte Gepunktete. Seine Welpen allertings kommen weiß zur Welt. Hat als Begleithund von Kutschen angefangen. Sein unverwandter Blick legt die Vermutung nahe, dass er deutlich mehr weiß als Sie und wahrscheinlich einen Doktortitel hat.

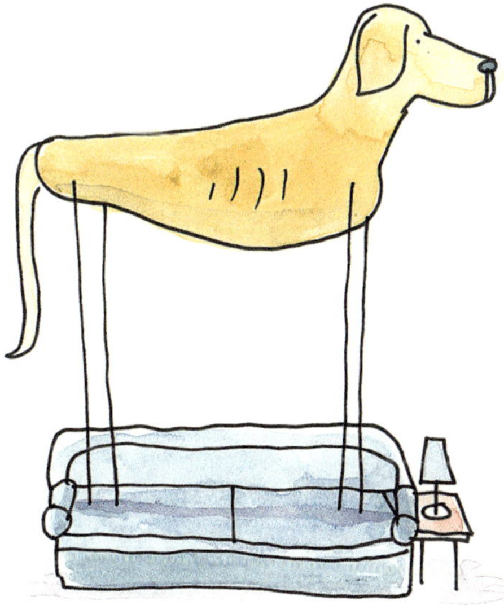

Deutsche Dogge

Sanfter Riese und toller Freund. Wird aber leider nicht alt. An einem kalten Abend absorbieren seine mehr als fünfzig kilo Lebendgewicht die ganze Wärme des kamins. Und sollten Sie sich jemals wieder gemütlich hinsetzen wollen, dann kaufen Sie Ihrer Dogge ein eigenes Sofa.

Deutscher Schäferhund

Hat in der Hundewelt das Kommando. Die wahrscheinlich beliebteste Hunderasse überhaupt. Treuer Freund und erbitterter Feind. Was erklärt, warum im Ersten Weltkrieg fast fünfzigtausend Schäferhunde im Dienst des deutschen Heers standen.

Dingo (Wildhund)

Unterart des Wolfes. Wird eher nicht als Haustier gehalten, ist schließlich ein ziemlich verwegener Bursche – was man über Sie aber auch sagen würde, wenn Sie Kängurus fräßen und ständig vor Krokodilen auf der Hut sein müssten.

Dobermann

Wurde von einem deutschen Hundesteuereintreiber als Kreuzung aus Schäferhund, Pinscher und Fleischerhund gezüchtet, um säumige Schuldner einzuschüchtern. Klug, stark und ein geschickter Fährtenleser. Zahlen Sie lieber umgehend!

Englische Bulldogge

Wurde früher bei Tierschaukämpfen wie dem Bullenbeißen eingesetzt. Pfui! Heute eher ein freundlicher, in die Jahre gekommener Ringer, der mit der Zeit milde geworden ist.

English Foxhound

Entschieden geselliger Meutehund von erheblicher Ausdauer. Beliebter Jagdhund. Wäre er ein Mensch, träfe man ihn am Freitagabend auf die Theke gestützt an – als Letzten, der noch senkrecht steht.

English Pointer

Vorstehhund, der nicht nur erstklassig Beutetiere anzeigen, sondern auch gut jagen, rennen, denken und, soweit wir wissen, sogar philosophieren kann. Eigentlich ist das Vorstehen sogar sein am schwächsten ausgeprägtes Talent.

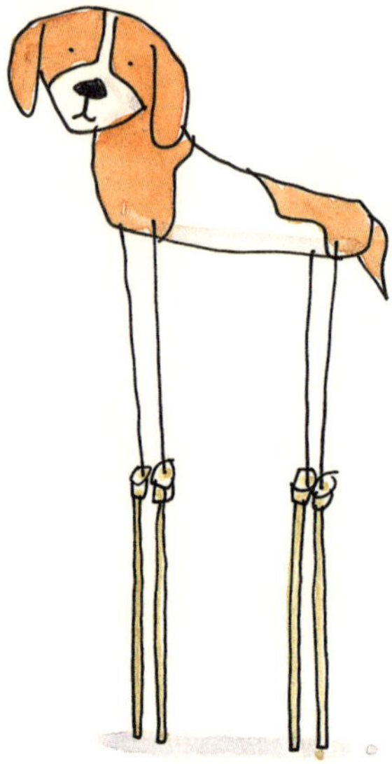

Epagneul Breton

Sieht aus wie ein Spaniel auf Stelzen. Sensibel, meist scheu. Wer gern auf Vögel schießt, hat an ihm einen nützlichen Apportierhund.

Finnischer Lapphund

Folgsam und aus Lappland. Wird traditionell zum Rentierhüten eingesetzt. Lieblingshund des Weihnachtsmanns.

Finnischer Spitz

Fuchsfarbener Wachhund, der in seinem Heimatland bei Bell-Wettbewerben antritt. Sollten Sie sich mit dem Namen schwertun – sagen Sie mal »Finnischer Spitz« fünfmal hintereinander! –, dann dürfen Sie es gern mit seinem eigentlichen versuchen: Suomenpystykorva.

Flat Coated Retriever

Naher Verwandter des Labradors mit etwas längerem, glattem, seidig glänzendem Fell, das alle anderen Hunde vor Neid erblassen lässt. Großartiger Familienhund, der auch gern trainiert wird. Früher vor allem von Fischern eingesetzt, was seine Schwimmleidenschaft erklärt.

Foxterrier

Gibt es, ganz nach Geschmack, in Glatthaar und Drahthaar. Aufgrund seiner Unermüdlichkeit, immer alles erkunden zu wollen, der Marco Polo der Hundewelt. Geht gern auf die Jagd nach Kaninchen, Ratten und – ja, tatsächlich – auch nach Füchsen.

Französische Bulldogge

Wie die Englische Bulldogge, nur mit mehr Stil.

Fuchs (Wildhund)

Es gibt fast dreißig Arten, die recht lose den Füchsen zugeschlagen werden. Alle sind anpassungsfähig, aufgeweckt und schlau. So schlau, dass sie sich in zig Fabeln als die Cleveren hineingemogelt haben. Dank ihrer Duftdrüsen ziemlich übelriechend. Bäh!

Gelber Labrador

Stimmt, der schwarze, der braune und der gelbe Labrador sind ein und dieselbe Rasse, nämlich Labrador Retriever. Aber wir mögen alle drei so gern, dass wir finden, jeder hat einen eigenen Eintrag verdient. Der gelbe ist superentspannt und ein ausgezeichneter Drogenschnüffler. Das eine hat natürlich nichts mit dem anderen zu tun.

Goldador

Klingt wie ein James-Bond-Bösewicht, ist aber die Kreuzung von gelbem Labrador und Golden Retriever. Entsprechend supersüß und superschlau. Lässt sich auch sehr gut als Blinden- und Hilfshund einsetzen. Räumt in jeglicher Hinsicht nur glatte Eins Plussen ab.

Golden Retriever

Bekommt als Supermodel der Hundewelt immer die besten Auftritte im Fernsehen. Weswegen er von anderen Hunden mit Vorliebe in matschige Pfützen gelockt wird. Was man nur ausgleichende Gerechtigkeit nennen kann.

Gordon Setter

Mit seinem flauschig feinseidigen, schwarz-kastanienroten Fell und der kräftigen Schnauze verdammt gutaussehend. Ist mit dem Irish und dem English Setter verwandt, aber im Unterschied zu den allbekannten Iren und Engländern kennt kein Mensch die Gordons.

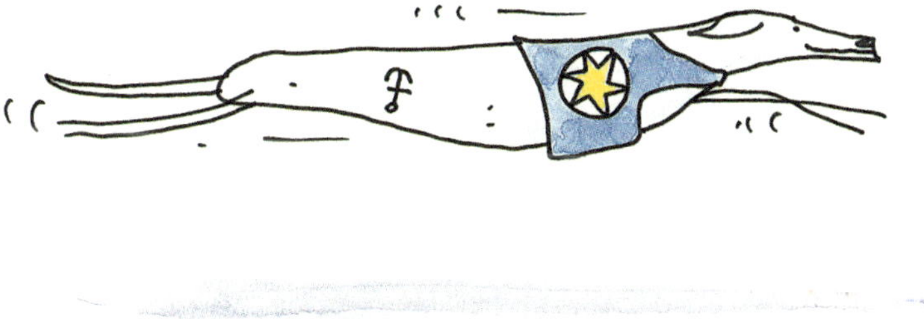

Greyhound

Sanftmütig und mit seinen 80 km/h Höchstgeschwindigkeit der schnellste Hund überhaupt. Hat Durchhaltevermögen bewiesen, ziert er doch schon altägyptische Grabmalereien. Apropos Verzierung: In den USA bekommt jeder Greyhound, der Rennen läuft, ein Tattoo. Rock on!

Havaneser

Accessoire-Tier und Nationalhund Kubas. Steht wahnsinnig gern im Mittelpunkt. Hat ein üppig seidiges Fell quer durch die Farbpalette. Wird bei weißem Fell bisweilen für ein Gespenst gehalten.

Hovawart

Sein Motto: Wenn schon Wachhund, dann wenigstens schön. Seine Ahnen bewachten Schlösser und Landgüter im Harz und im Schwarzwald. Fremden gegenüber zunächst misstrauisch, jedoch ein überaus loyaler Freund, sobald er beschlossen hat, einen zu mögen. Man bewaffne sich also stets mit Spielzeug und Leckerli – Schwarzwälder Kirschtorte gefällig?

Irischer Wolfshund

Sehr alte Rasse. Hat als Kriegshund schon so manche Schlacht geschlagen. Braucht als größter Hund der Welt sehr, sehr viel Auslauf. Ist überaus anhänglich, oft sogar Fremden gegenüber. Findet ungebrochen großes Vergnügen daran, jeden Neuankömmling zur Begrüßung volle Pulle umzurennen.

Irish Red and White Setter

Athletischer, unabhängiger Jagdhund. Baut ohne großzügigen Auslauf seine Energie anderweitig ab – wahrscheinlich an Ihren Sachen. Hat null Komma null Wachinstinkt, ist dafür aber ein großartiger Freund und kann gut mit Kindern.

Irish Terrier

Draufgänger mit großem Herzen. Mit seinem warmen, drahtigen, extradichten Fell gut vor dem verlässlich schlechten irischen Wetter geschützt. Kann prima Witze erzählen.

Jack Russell Terrier

Klein, muskulös und sofort dabei, wenn es darum geht, Passanten anzukläffen, egal, ob Mensch oder Hund. Hat in der Hundewelt den Ruf weg, ein Raufbold zu sein, ist aber eigentlich ziemlich schüchtern. Wird furchtbar ungern allein gelassen und will insgeheim nur jedermanns bester Kumpel sein.

Kanaanhund

Nationalhund Israels. Man nimmt an, dass er seit Jahrtausenden existiert, jedenfalls kommt er schon auf alten Schrifttafeln und Höhlenmalereien vor. Interessanterweise leben manche Vertreter dieser Rasse immer noch wild! Ein echtes Partytier. Macht sich zudem oft durch Geheul in der Ferne bemerkbar.

Karelischer Bärenhund

Hardcore-Finne: Sieht aus wie ein verschmuster Collie, geht aber auf Bärenjagd. Jawohl, Bärenjagd. kühn, mit intelligentem Blick, glattem, schwarzweißem Fell und einem puscheligen, über dem Rücken zusammengerollten Ringelschwanz.

Katze

Dieses Buch widert mich an.

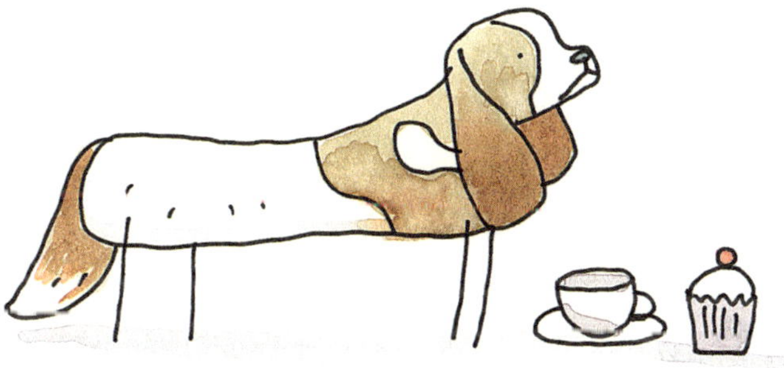

King Charles Spaniel

Kleiner als sein ritterlicher Verwandter und stupsnasig. Ein Fell wie feinste Seide. Ist im siebzehnten Jahrhundert steckengeblieben und frönt mit Hingabe Krocket, Fünf-Uhr-Tee und Barockmusik.

Kojote (Wildhund)

Flink und gerissen. Kann mit 65 km/h rennen, was übertrieben wäre, wenn man es ausschließlich auf Frösche, Insekten und Obst abgesehen hätte. Frisst aber eigentlich so gut wie alles. Weswegen dieser Nordamerikaner wahrscheinlich auch so erfolgreich ist (nur den Road Runner, den kriegt er nie!).

komondor

Ungarischer Wachhund. Gewöhnt ans Leben in der Steppe. Ähnelt einem Riesenwischmopp. Sollte man trotz seines ziemlich lustigen Aussehens besser für voll nehmen. Definitiv nicht fürs Leben in der Stadt geeignet – es sei denn, Ihr Viertel wird von Wölfen und Bären heimgesucht.

Kuri

Ausgestorben. Lebte bis etwa 1800 in Neuseeland. Sein Fleisch galt als Delikatesse. James Cook behauptete sogar, es schmecke so gut wie Lamm. Igitt!

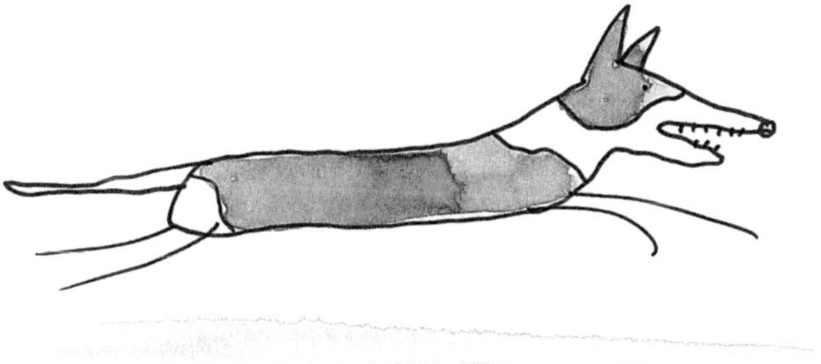

Kurzhaarcollie

Genau wie sein flauschigeres Gegenstück klug und treu. Treibt Sie mit Begeisterung in einen Schafpferch. Bekannt dafür, der Schnellere unter den Collies zu sein. Mit kurzen Haaren lässt sich offenbar besser sprinten.

Labradoodle

Springt federnder als ein Springer Spaniel. Hat wahrscheinlich zwei Herzen (eins vom Pudel, eins vom Labrador) – so herzlich, wie er ist. Schläft er auf dem Sofa, ist er leicht mit einem Schmusekissen zu verwechseln.

Lagotto Romagnolo

Jagd- und Apportierhund mit einem Namen, der einem römischen Modedesigner gut zu Gesicht stünde. Schätzt das Dolce Vita und benutzt seine Nase überaus gern zur Trüffelsuche. Findet wahrscheinlich auch Gefallen an einem guten Chianti. Cin cin!

Lakeland Terrier

Zäh und handfest, stammt aus dem Lake District. Kann etwas dickköpfig sein und wird von jetzt auf gleich schwerhörig, wenn es Interessanteres zu tun gibt, als auf Sie zu hören.

Landseer

Sieht aus wie ein Spaniel auf Steroiden. Wird oft dem Neufundländer zugeschlagen, ist in Europa jedoch eine eigenständige Rasse. Kann zum Beispiel schwimmen und viel schneller rennen – und noch einiges mehr. Legt Wert auf die Erwähnung, dass er weniger sabbert und das gepflegtere Fell hat.

Langhaarcollie

Wie ein Kurzhaarcollie, nur – nun ja – langhaariger. Eleganter, anhänglicher Hund aus Schottland, mit schönem Fell, das allerdings regelmäßige Pflege benötigt. Wozu überhaupt so ein üppiges Fell? Schon mal in den Highlands gewesen? Brrrr!

Leonberger

Gezüchtet vom Leonberger Stadtrat Heinrich Essig. Sollte zu Ehren der Stadt aussehen wie ein Löwe. Mehr hat dieser sanfte Riese aber auch nicht mit einer Raubkatze gemein, denn fressen wird er Sie sicher nicht.

Lhasa Apso

Sieht zwar aus wie ein pflegeintensiver, einfältiger Fellball, wurde aber eigentlich als Wachhund gezüchtet, um buddhistische Mönche vor Eindringlingen zu warnen. Sie glauben, er schläft? Von wegen – er meditiert! Om.

Magyar Vizsla

Vorstehhund aus Ungarn. Verfügt über Unmengen von Energie und steckt einen mit guter Laune an. Wird häufig dabei beobachtet, wie er mit Karacho durch Parks galoppiert und sich dann in einen See oder eine Pfütze stürzt. Früher Begleithund von Adeligen, entsprechend ziemlich hochnäsig.

Malteser

Gesellschaftshund. Sieht aus wie ein Spielzeug. Man könnte vermuten, dass auch sein Hirn lediglich Spielzeuggröße hat. Gehört aber zu einer uralten Rasse, ist also vielleicht einfach klüger als wir alle. Was er schön für sich behält, damit er keine Schafe zusammentreiben oder tote Tiere apportieren muss.

Maltipoo

Hat nicht den allertollsten Namen, aber, meine Güte, was ist er für ein Hübscher! Kreuzung zwischen Minipudel und Malteser. So süß, dass man ihn für ein Plüschtier halten könnte. Ist er aber nicht – was er kläffend unter Beweis stellt. Dauerkläffend. Aus!

Maremmen-Abruzzen-Schäferhund

Ursprünglich aus Italien, großes Kaliber. Nichts für Anfänger. Hart zupackender, mutiger Hütehund, der den Schnee nicht scheut und berüchtigt dafür ist, Wölfe zu töten. Sieht dabei gar nicht so grimmig aus: edles, reserviertes Gesicht, das Ruhe ausstrahlt – Typ Nachrichtensprecher.

Mastiff

Vor allen Dingen MASSIG. Braucht als geborener Wachhund eine starke, führende Hand und eine umsichtige Sozialisation. Kein guter Schlafzimmergenosse: neigt zu lautem Schnarchen.

Mops

Fröhlich, anhänglich und schelmisch. Und ein meisterlicher Hypnotiseur: Wer ihm in die großen, dunklen, seelenvollen Augen blickt, gerät vollständig in seinen Bann – zumindest so lange, bis er anfängt zu keuchen, zu schnaufen und zu schnarchen.

Münsterländer

Freundlicher Norddeutscher. Erhältlich in mini und in maxi. Mit seinem ausgezeichneten Geruchssinn, dem kräftigen Kiefer und tonnenweise Energie ein Jagdhund, wie er im Buche steht. Einziger Wermutstropfen: Jagt nicht nur gern, sondern platscht auch mit Vorliebe durch Matschpfützen.

Neufundländer

Großformatig und herrlich stoisch. Ursprünglich für die Arbeit bei den Fischern auf der kanadischen Insel Neufundland gezüchtet. Hat ein erstaunlich wasserabweisendes Fell und breite Pfoten mit Schwimmhäuten. Welthundemeister im Speicheln (Neufundländer-Sabberlätzchen im Handel erhältlich). Wenn er sich schüttelt: In Deckung!

Neuguinea-Dingo

Ein etwas wilderes Kerlchen, dabei aber recht ansehnlich. Singt, statt zu bellen, und kann sogar die Tonhöhe seines Gejaules modulieren – was sich dann wahlweise nach Gespenstergeheul oder zuschlagenden Türen in rostigen Angeln anhört. Ganz große Oper halt.

Norfolk Terrier

Robuster kleiner Rattenfänger, der auch vor größeren Gegnern keine Angst hat. Das nur vorweg. Hat im Übrigen ein freundliches Gemüt und bricht deutlich weniger häufig einen Streit vom Zaun als die meisten anderen Terrier. Sehr gesittet!

Norwegischer Lundehund

Klug und anschmiegsam. Pinkelt mit Freude überall hin. Mit seinem erstaunlich biegsamen Skelett wie gemacht für die Jagd auf Papageientaucher (heutzutage nicht mehr ganz so groß in Mode). Hat an jeder Pfote sechs Zehen, was erklärt, warum er zusätzlich noch ein Tastengott ist.

Norwich Terrier

Im Grunde ein Norfolk Terrier mit aufgerichteten Ohren. Mehr nicht.

Otterhund

Fabelhaft. Ungeheuer groß und ein bisschen vertrottelt. Wasser hat es ihm derart angetan, dass er am liebsten vom Grund eines vollen Eimers trinkt. Ist leider heute vom Aussterben bedroht.

Papillon-Zwergspaniel

Klitzekleines, hochmütig-hübsches Haustierchen, das wie alle Pariser gut zu schmollen versteht. Der Name spielt selbstredend auf seine wundervoll schmetterlingsgleichen Ohren an. Wird an klaren Tagen dabei beobachtet, immer rund um den Eiffelturm zu fliegen.

Patterdale Terrier

Gleichzeitig waghalsig wie sentimental. Feierfreudiger Arbeitshund, der aber genauso gern auf Ihrem Fuß sitzt, sich das Hinterteil wärmt und sicherstellt, dass Sie nirgendwo ohne ihn hingehen.

Pekeapoo

Zierliches kleines Kerlchen, das seit ungefähr sechzig Jahren als eingeführte Mischlingsrasse gilt. Hypoallergen und flauschig. Bellt gern. Wirkt und klingt ein bisschen wie diese Roboter-Hunde, die Rückwärtssaltos machen.

Pekinese

Chinesischer Hundeadel mit mythischen Wurzeln: Ein liebeskranker Löwe soll von Göttermacht geschrumpft worden sein, um sich mit dem Seidenäffchen seiner Träume verpaaren zu können. Nicht gerade eine 08/15-Liebesgeschichte.

Peruanischer Nackthund

Übertausend Jahre alt. Sieht der oft gänzlich kahle Nackthund vielleicht deshalb aus wie ein Greis? Anderen Hunden ist seine Nacktheit oft peinlich.

Pharaonenhund

Sieht heute noch so aus wie auf altägyptischen Grabmalereien. Hat auch diese enormen Stehohren schon immer gehabt. Liest Hieroglyphen, ohne zu stocken, und unterrichtet an humanistischen Gymnasien tote Sprachen.

Plott Hound

1750 von den deutschen Gebrüdern Plott nach North Carolina gebracht. Geborener Jagdhund, dabei liebenswürdig und clever. Lässt man ihn freilaufen, jagt er auf eigene Faust Waschbären, Kojoten oder Bären.

Podenco Ibicenco

Kann wie ein Foxterrier ein Glatt- oder ein Rauhaar sein. Anmutig wie ein Reh, mit umwerfenden bernsteinfarbenen Augen und Ohren, die so groß sind, dass sie Funksignale empfangen können. Lieblingsmusik: Trance, Techno, Flamenco.

Polarfuchs ~~(Wildhund)~~

Sieht zwar unglaublich süß aus, gibt aber nicht gerade das allertollste Haustier ab: Würde im Tiefkühlschrank übernachten wollen und möglicherweise alle anderen Haustiere fressen. Mit Vorliebe Ringelrobbenbabys.

Portugiesischer Wasserhund

Fisherman's Friend. Treibt Fischschwärme, holt Netze ein und paddelt mit Nachrichten zwischen Booten hin und her. Obama hat so einen. Vielleicht übermittelt der seine streng geheimen Kommuniqués?

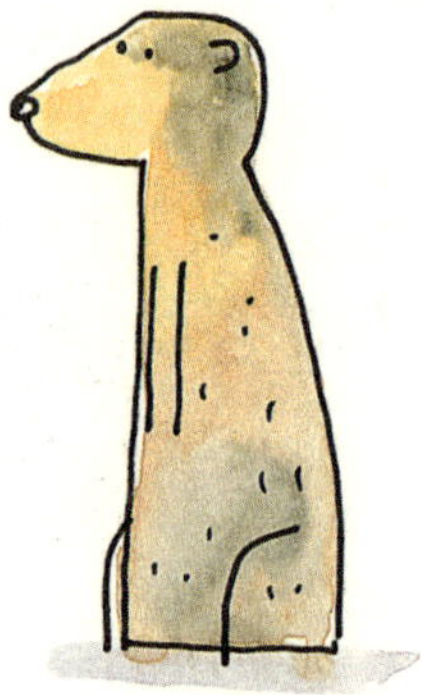

Präriehund

Heißt zwar ›Hund‹, ist aber gar keiner. Sondern ein Verwandter des Eichhörnchens. Pelzig und niedlich, buddelt gern Löcher – bitte, soll er seinen Namen doch tragen!

Pudel

Gibt es in den Varianten groß, klein, Zwerg und Mini. Sehr schlau, aktiv und nützlich, außerdem ein wunderbarer Entertainer und Zirkuskünstler. Wird mitunter geschoren und gefärbt und tarnt sich so als rosafarbene Formschnitthecke.

Puli

Hütet als Vertreter einer uralten Rasse aus Ungarn seit über tausend Jahren Schafe – was vielleicht erklärt, warum er noch keine Zeit zum Haarekämmen gefunden hat und immer denselben Pulli trägt. Vom Wesen her ein ewiger Welpe mit Rastas.

Pyrenäenberghund

Eisbär zum Kuscheln gefällig? Dann kaufen Sie sich einen Pyrenäenberghund. Riesenhaft, weiß und flauschig. Und, noch besser: er wird sie nicht fressen. Sondern will nur liebgehabt werden.

Rassma

Nein, kein adretter Gigolo, sondern die Kreuzung zwischen Jack Russell und Mops. Fröhlicher kleiner Kerl, der neugierig und lebhaft ist, sich aber auch gern kraulen lässt.

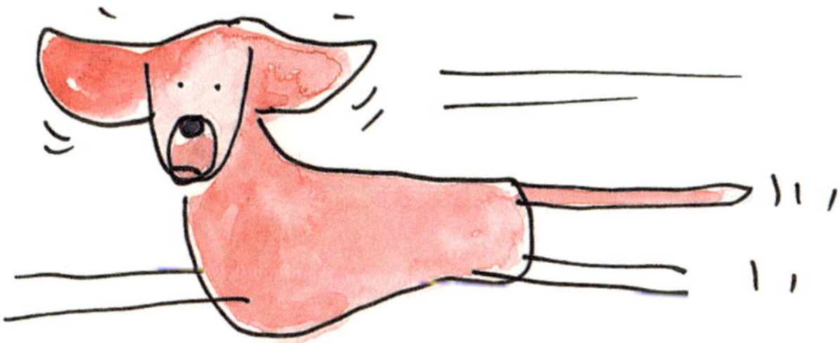

Redbone Coonhound

Wo sind die Waschbären??? Dieser Nordamerikaner mit dem roten Fell ist ein guter Jäger, Fährtenleser und Schwimmer. Und könnte bei den Ohren eigentlich auch ein top Flieger sein.

Rhodesian Ridgeback

Treuer Südafrikaner. Verdankt seinen Namen einem Haarkamm auf dem Rücken, der gegen den Strich des Fells wächst. Ursprünglich für die Löwenjagd gezüchtet – also entweder überaus mutig oder überaus dämlich.

Rottweiler

Imposanter, kraftvoller Wachhund, dessen Vorfahren in Europa wohl dank ihrer Popularität in der römischen Armee Verbreitung gefunden haben. Früher Liebling kerniger Fleischer in seiner Heimatstadt, dem damaligen Viehhandelszentrum Rottweil. Bis heute ist auch der Hund weder entkernt noch vom Fleisch gefallen.

Saluki

Einer der ältesten Hunde überhaupt. Bekannt als der königliche Hund von Ägypten. Fantastisch lange, befederte Ohren und genau so einen Schwanz. Außerdem extrabepelzte Pfoten, was ihn zu einem sehr schnieke trabenden Marathonläufer macht.

Samojede

Heißgeliebt von seinen nomadischen Herrchen, den Samojeden. Schöner, schneeweißer Sibirier mit lächelnden, samtschwarzen Lippen. Trotzt der Kälte mit koschlig behaarten Zehen. Sanftmütig und intelligent – Urtypus aller Polarforscher.

Schakal (Wildhund)

Schön und gertenschlank. Schläft gern in den Tag hinein und geht abends aus, um Insekten, kleine Säugetiere und halb verwestes Zeug zu frühstücken. Ganz wunderbar.

Schipperke

Belgisches Schokolädchen von einem Hund. Sehr exquisit, aber gleich mehrere von seiner Sorte sind nur mit Vorsicht zu genießen, kann dieser Flaumball doch ziemlich hinterhältig sein. Wird auch kleiner schwarzer Fuchs genannt.

Schnauzer

In Mini, Midi und Maxi erhältlich. Der sagenhafte Backen- und Schnurrbart sowie die dichten Augenbrauen sind den Vertreterinnen dieser Rasse ein wenig peinlich.

Schnoodle

Was kommt raus, wenn man einen Schnauzer mit einem Pudel kreuzt? Eine Formschnitthecke mit Schnurrbart.

Schwarzer Labrador

Überaus anhänglich und leicht vertrottelt. Neigt dazu, alles in Sichtweite zu fressen. Man könnte ihm stundenlang verzückt dabei zusehen, wie er beim Jagen von Tennisbällen mit Bauchklatschern im Wasser landet. Wird mit dem Alter möglicherweise etwas grau und fett. Was sich aber per Laufband und Tönungsshampoo beheben lässt.

Scottish Terrier

Elegant und kompakt. Trabt durch die Gegend wie ein Dressurpferd. Anderen Hunden gegenüber ziemlich argwöhnisch, schließlich sind sie minderwertige Wesen. Es wäre schön, wenn er endlich mal zugeben würde, dass er eigentlich ein Griesgram ist.

Shar-Pei

Sie kennen ihn: diesen Knautschigen, Faltigen mit der blauschwarzen Zunge, der aussieht, als trüge er die Haut eines sehr viel größeren Hundes. Sein lose hängendes borstiges Fell bot ihm im alten China Schutz bei Kämpfen gegen andere Tiere. Und die Zunge? Die ist einfach nur ein toller Hingucker.

Shiba

Kleinster aller in Japan beheimateten Hunde und gut Freund mit anderen Hunden, kleinen Kindern und sogar Katzen - vielleicht, weil sein Name irgendwie nach Katzenfutter klingt. Geht am Wochenende gern bergsteigen.

Shih Tzu

Sein Fellvorhang vorm Gesicht kann nur durch alberne Schleifchen gebändigt werden. Ist es entsprechend gewohnt, dass man sich über ihn lustig macht. Übersetzt heißt er – ziemlich glamourös – ›Löwenhund‹. Stammt aus Tibet, wo er von Mönchen als wärmende Kopfbedeckung gezüchtet wurde. Wahrscheinlich zumindest.

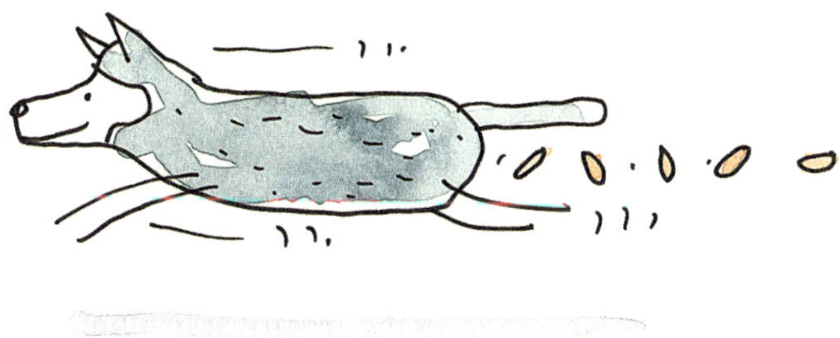

Siberian Husky

Kraftvolles, lebhaftes Energiebündel, das gern bei minus vierzig Grad draußen übernachtet. Macht keine Klopausen beim Schlittenziehen – Achtung also beim Lenken! Seine kristallfarbenen Augen sind eigentlich Laser, die durch Eis schneiden können.

Skye Terrier

Einer der ältesten Hunde Schottlands, heute allerdings selten. Hat angeblich Spanier und Wikinger als Vorfahren und war einer von Königin Viktorias Lieblingshunden. Vermutlich musste Ihre Majestät einen zusätzlichen Hoffriseur anstellen.

Springer Spaniel

Ganz und gar und großartig verrückt. Entweder hochbegabt oder vollständig verblödet. Benutzt für die Instandhaltung seiner plissierten Achtzigerjahre-Matte auf den Ohren ein Kreppeisen.

Staffordshire Bullterrier

Wegen seiner Stärke, seiner Ausdauer und seines Muts ursprünglich bei Kampfsportarten wie dem Bullenbeißen eingesetzt. Ansonsten lieb und zuverlässig. Gibt es irgendeine körperliche Betätigung, vor der der ›Staffie‹ zurückschreckt? Schwimmen, stimmt. Aber bei allem anderen heißt es: Und los!

Talbot

Schneeweißer Jagdhund, überaus beliebt im Europa des Mittelalters. Soll unter anderem ein Vorfahre des Beagle gewesen sein. Heute lebt kein Einziger mehr, nur in England sieht man ihn noch auf Pub-Schildern.

Telomian

Kommt aus dem Regenwald Malaysias. Seine ursprünglichen menschlichen Gefährten lebten wegen der ganzen Schlangen, Skorpione und fiesen Insekten in Häusern auf Stelzen. Weswegen der Telomian ein erstaunlich guter Kletterer geworden ist. Katzen, aufgepasst!

Tibetdogge

Dickfelliger Gigant mit definitiv königlicher Aura: Unnahbar und ehrwürdig. Beschützt seine Leute und zeigt keinerlei Interesse daran, das zu tun, was man ihm sagt. Kann er sich leisten, so als teuerster Hund der Welt.

Tibet-Terrier

Sensibelchen. Lebt seit Jahrhunderten bei buddhistischen Mönchen, muss also ein herausragendes Karma haben.

Tschechoslowakischer Wolfshund

1955 im Rahmen eines Experiments – man kreuzte Deutsche Schäferhunde mit Karpatenwölfen! – in der ČSSR gezüchtet. Überaus ausdauernd. Schafft schon mal hundert Kilometer in nur acht Stunden. Achtung, Postboten: Bringen Sie sich lieber in Form!

Tüpfelhyäne (Wildhund)

Lächelnder Aasfresser und das in Afrika am häufigsten Vorkommende Raubtier. Lebt in Clans mit bis zu hundert Artgenossen. Das Weibchen ist dreimal so groß wie das Männchen und entsprechend Herr im Haus. Zählt eigentlich zu den Katzenartigen. Wer hätte das gedacht?!

Weimaraner

In der Debatte, ob er besonders konzentriert oder einfach nur ein bisschen doof schaut, steht es bislang unentschieden. Wie ein edler Wagen lässt er sich mit einem Fensterleder auf Hochglanz polieren.

Welsh Corgi

Temperamentvoll und treu. Ungewöhnlich große Ohren, mit denen er umso besser hören kann. Liebling der Queen – und das weiß er.

West Highland White Terrier

In seinem Naturzustand belassen niedlich und bissig. Auf seine weiße Weste legt der beherzte ›Westie‹ keinen allzu großen Wert und wälzt sich in allem herum, was ihm Farbe verleiht.

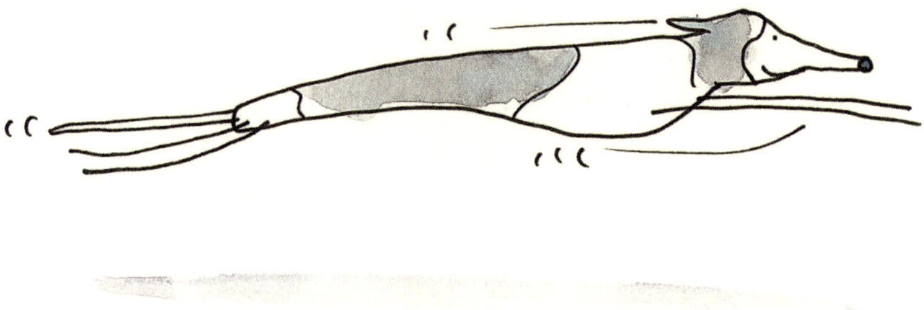

Whippet

Ruhig, würdevoll und schnell. Mit überaus scharfen Augen. Wirkt stets ein wenig unterkühlt und besorgt. Jederzeit für ein Wettrennen im Park zu haben, vor allem gegen einen dicken Labrador, der vor Aufregung ganz aus dem Häuschen ist.

Wolf

Vater aller domestizierten Hunde und bis heute mit bis zu 160 Zentimetern Kopfrumpflänge der längste. Heult eigentlich gar nicht den Mond an, sondern singt nachts nur gern mit anderen im Chor. Sein Ruf ist über fünfzehn Kilometer weit zu hören – nützlich, wenn man den Rest des Rudels verloren hat. Quasi ein Hunde-GPS.

Yorkiepoo

Kreuzung zwischen Yorkshire Terrier und Pudel. Aber wer bitte denkt sich immer diese Namen aus? Wieso nicht Yordle, Porkshire oder Pooshire? Na ja, vielleicht ist Yorkiepoo doch nicht sooo schlecht.

Yorkshire Terrier

Nicht zu überhören, willensstark, stolz und aufbrausend – so sind die Leute in Yorkshire. Und der Hund auch.

Zwergspitz

Irgendwann war dieser winzige Fellknäuel mal ein arktischer Schlittenhund, aber da muss er noch größer gewesen sein. Zum kleineren Begleithund gezüchtet. Zu seinen berühmten Besitzern gehören Königin Viktoria, Michelangelo und Sir Isaac Newton.